AF436576

Falco Tarassaco

LIBER S

PROFEZIE
DELL'ERA DI ACQUARIO

DAMANHUR

Falco Tarassaco
LIBER S
ISBN 978-88-99652-21-0

I edizione (Edizioni precedenti stampate in proprio)
Devodama srl - 10080 Vidracco (TO) - Italia
Copyright © 2016 Devodama
Tutti i diritti riservati.

Stampato nel mese di maggio 2016.

PREFAZIONE

*I*l *Liber S presenta una civiltà reale/immaginaria che indica un ideale punto di arrivo per ogni popolo umano. Nelle note che accompagnano il testo, Falco Tarassaco si pone non come autore ma come traduttore dell'Opera, "attinta dalla grande biblioteca" di Atlantide, dove essa è stata depositata nel periodo finale di quella grande civiltà, e da dove è già uscita, in epoche successive, come si evince dalle note di Falco, per ritrovarsi nelle mani di Re Djer, egizio, e di Re Sargon, sumero.*

Viene spontaneo chiedersi quale ruolo abbiano avuto i due monarchi nella storia di quest'opera. L'hanno rivisitata? Ampliata? Semplicemente tradotta?

Sono solo le prime fra le mille domande che, come sempre, le opere di Falco fanno sorgere. Sempre nelle note di accompagnamento, Falco accenna alla trasposizione in italiano del testo: da quale lingua? Dall'antica lingua sacra, da lui stesso introdotta a Damanhur? Dall'idioma atlantideo?

E ancora: «E vidi una città di cristallo», recita l'incipit del libro: a chi appartiene la voce narrante? Chi è il viaggiatore che descrive la città come incontrandola per la prima volta, e pur già conoscendone la storia?

E il Male che a un certo punto si incontra nel testo, che a lungo ostacola la felicità della "città di cristallo", è lo stesso al quale si accenna in un altro libro di Falco, stilisticamente del tutto diverso, che descrive una civiltà avanzata, Amscusat?

Sono mille le domande che il Liber S fa sorgere, come detto, e ne citiamo ancora una: la "corrente nuova del tempo", nella quale la civiltà descritta si sviluppa, equivale a un piano di esistenza separato? E noi, oggi, in quale piano ci troviamo?

La visione della quale parla il Liber S ci porta all'interno di un mondo, in mezzo a una civiltà basata sull'uso del pensiero; noi, ha spiegato tante volte Falco nel corso delle sue lezioni sulla Fisica spirituale, siamo in grado di usare la memoria, il ricordo, e attraverso di essa esercitiamo la nostra intelligenza, ma non siamo in grado di usare il pensiero, prodotto alchemico di menti più pure ed evolute della nostra. Le genti delle quali parla il libro, invece, evidentemente sono in grado di padroneggiarlo per definire la realtà nella quale vivono e creare le forme con le quali interagiscono. Sembrano parlare proprio di questo le "fabbriche, che facevano da sé, ed in loro era depositata ogni forma pensiero", o il pensiero che "prendeva forma secondo antiche e nuove tradizioni secondo volontà e libera scelta".

Il sottotitolo del Liber S è Profezie dell'Era di Acquario. Dunque, è un testo scritto millenni fa per annunciare questa epoca, la nostra, che ci introduce allo splendore dell'Età d'Acquario dopo il buio dell'Età dei Pesci.

In quest'ottica, il libro non parla di una civiltà perduta, ma ci prepara a una che verrà. Non descrive ciò che l'essere umano ha perso, ma ciò che può riconquistare.

Non un ricordo ma una profezia. Non un monito bensì un augurio.

In questa luce, anche l'apertura "È testo di meditazione, testo di preghiera, testo che dà forza", prende la forma di un incoraggiamento a credere nei propri sogni, sostenere il proprio impegno, cercare compagni insieme ai quali dare un nuovo volto al nostro mondo. La possibilità che tutto ciò diventi reale, nell'universo dei futuri possibili, c'è già. E alcune domande si avvicinano così alla loro risposta.

Caimano Salice

LIBER

§

H or em achu ti
psen aboth
nect then ar pieth
hor psen aton
ero ni
psen phre
bai séia
ankh râ
psen haès.

LIBER S

~ profezie dell'Era di Acquario ~

opera trascritta
da Oberto
attinta dalla grande
biblioteca.
Risale al periodo
finale atlantideo,
ripresa verso il 2835 a.C.
(Re Djer) e poi da Re
Sargon (Sumer) 2365.

 testo di Meditazione

testo di Preghiera

testo che da Forza

E vidi una città di Cristallo, aguzza e morbida nelle forme al tempo stesso.

Grandi cascate di verde e fiori gaiamente calavano, forti e brillanti, da terrazze vive in una profusione di luci e sole.

Uomini e donne passeggiavano discorrendo di alte cose, sorridendosi.

Bambini correvano gai e di buona razza, e sani.

Le vesti di tutti erano di buona fattura, colorate, ampie, comode, tali che ogni movimento era armonioso e naturale, e pur elegante come i passi di coloro, sicuri di sé, che li portavano indosso.

Le colline erano a boschi e campi tondeggianti a virgola,

Non uno uguale all'altro, nulla vi era di squadrato e rigido.

Le colture si arricchivano l'un l'altra, tra loro mescolate in armonia ed equilibrio perfetti.

 lontano, vedevo a destra e a sinistra altre due piccole città simili a questa, e pur diverse.

vi erano molti animali differenti in libertà.

 tigri e cervi convivevano senza uccidersi.

E gli uomini avevano imparato a nutrirsi di sessantamila cibi diversi.

Ed avevano reimparato a cibarsi di tutto, come ai primordi.

E le malattie erano scomparse, per questo equilibrio.

E d in cambio del mantenimento di tutte le specie animali e vegetali, gli individui di queste offrivano volentieri i loro corpi per cibo agli uomini, come sacrificio agli Dei.

E l'aria era pura e frizzante. E il sole dava energia a profusione.

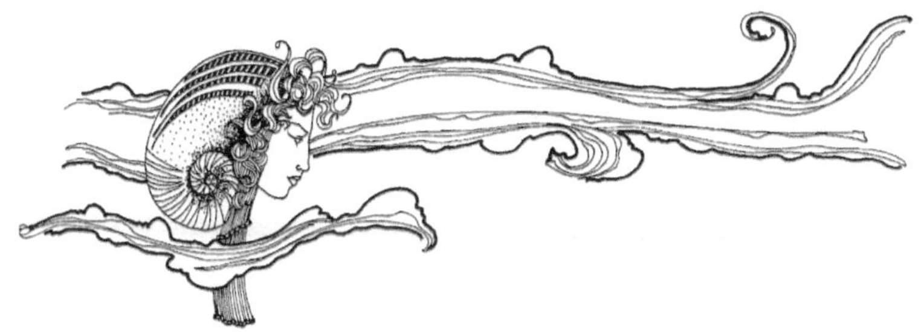

E le fabbriche, che facevano da sé, funzionavano nel cielo, ed in loro era depositata forma pensiero di qualunque cosa, ed ogni cosa richiesta era subito pronta.

Egli uomini studiavano a lungo, ogni cosa, e la loro curiosità e ricerca di conoscenza, ed esperienza era premiata.

 sotto alla città,
nel profondo della terra,
una grande caverna, di quattro
ettari, ripiena di campi
e meraviglie.
E il sole giungeva fin lì.

 strade sicure scorrevano
come vene sotto alle montagne,
ed ogni città era unita
alle altre.

 i figli di una città
dimoravano presso un'altra.

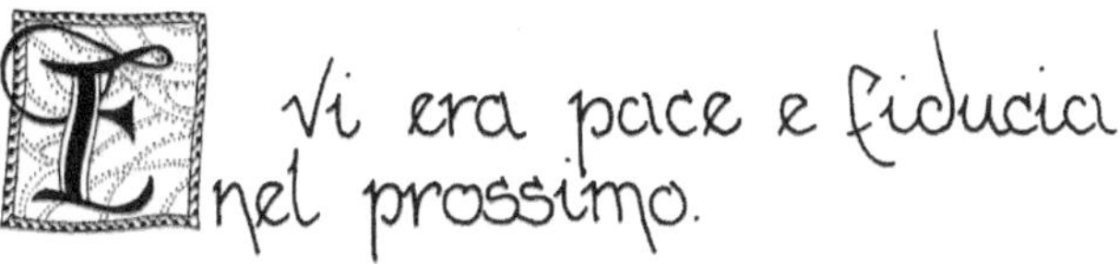 vi era pace e fiducia
nel prossimo.

E tutte le lingue erano
conservate, e molte nuove e
antiche, e tutti comprendevano
una lingua comune.

Nulla vi era di uguale,
ed ogni pensiero prendeva forma,
secondo antiche e nuove
tradizioni, secondo volontà e
libera scelta.

Ed ogni città aveva rappresentanti
incaricati di amministrarla
giustamente, e fare scambi con
altre città, di idee, cose, poesia,
musica, opere e tutto quanto
l'ingegno umano e non umano
produceva.

E mille nuove arti erano sorte,
o risorte, e continuamente
nascevano per la gloria
dell'Uomo e degli Dei.

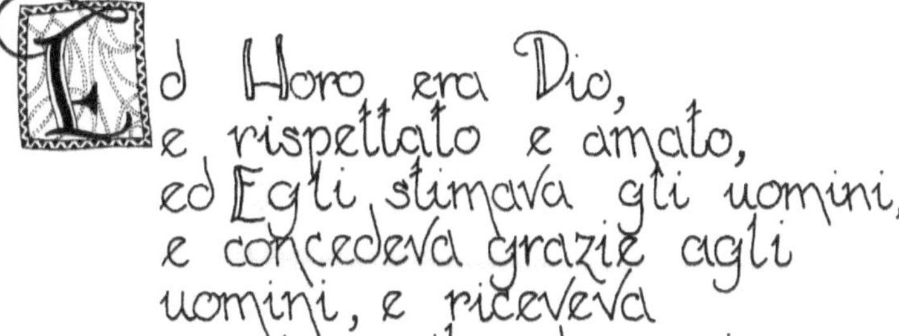

Ed Horo era Dio,
e rispettato e amato,
ed Egli stimava gli uomini,
e concedeva grazie agli
uomini, e riceveva
pensiero-cibo da essi.

E vi era pace nella forza,
e forza della pace.

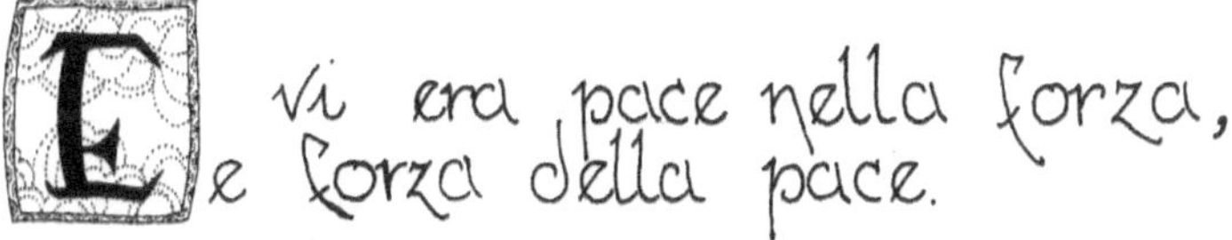

E l'Uomo aveva imparato, dalla
prima Città, a lasciare il corpo
ed a viaggiare in Spirito.

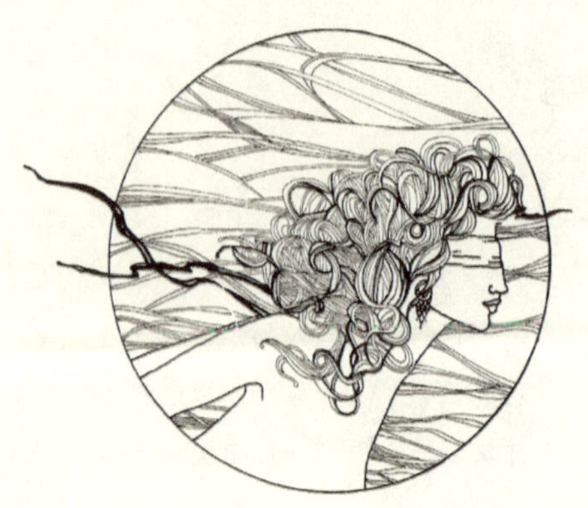

Evi era grande fortuna
per tutti, Sincronicità e la sua
immane forza.

Lo spirito navigava nel cielo
e verso altri mondi,
ed entrava in forme diverse
dall' Uomo.

Ed ogni pianta ed animale
volentieri ospitava in sé
spirito d'Uomo, e se ne
arricchivano reciprocamente.

 specie lontane facevano a gara per scambiarsi con gli uomini, e vederne il Paradiso.

 gli Dei e tutte le forme parlavano, dicendo: "Questa è l'era Santa, l'era d'Oro, nella quale lunghi sono i passi dello Spirito".

 gli uomini ricordavano le sofferenze di altri tempi, in altri corpi, prima che i loro spiriti trasmigrassero in questi.

 Ed essi benedicevano ogni loro gesto passato, quando era stato compiuto per la gloria presente.

Ed essi maledicevano ogni ritardo, ogni meschinità che rallentava la coscienza e profondeva Karma ed il veleno dell'egoismo.

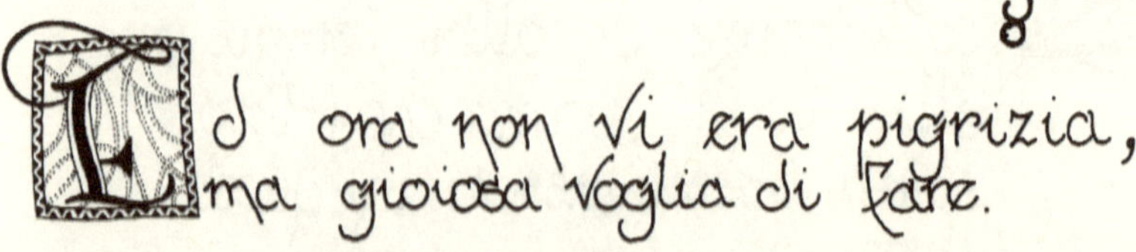

Ed ora non vi era pigrizia, ma gioiosa voglia di fare.

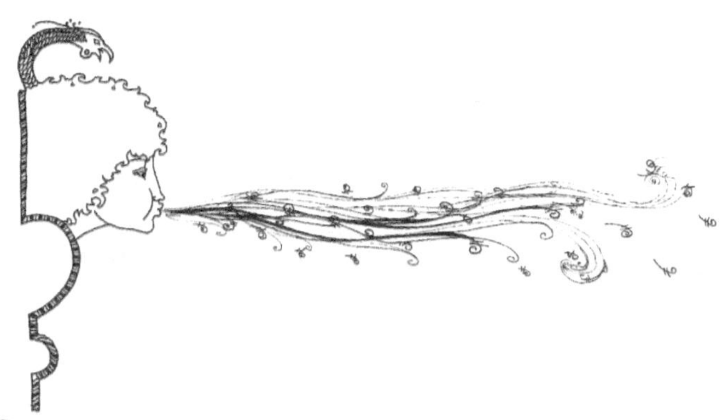

 il loro fine era Conoscenza e Coscienza.

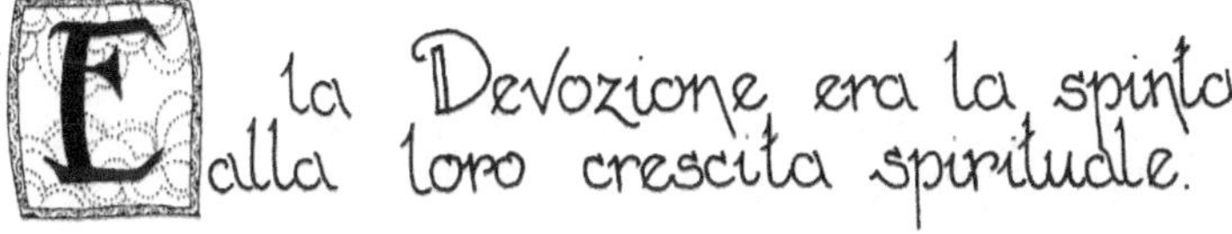 la Devozione era la spinta alla loro crescita spirituale.

 non vi era più dolore che spingesse, perché la Coscienza era sufficiente, ed essi avevano Fede, e la Fede era il loro motore.

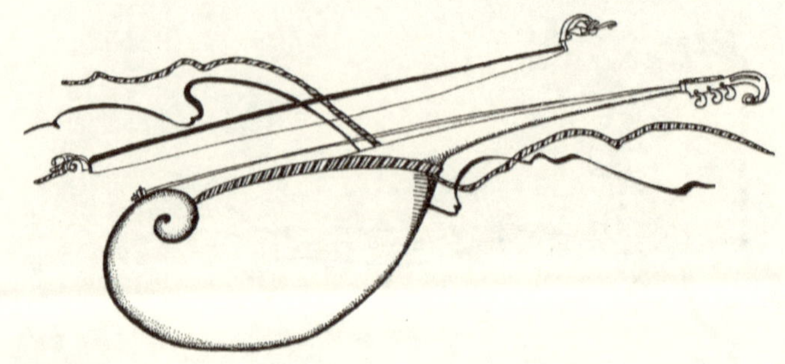

Ed essi già bambini leggevano antichi libri.

La nuova fede andava trasformando tutto il mondo in un giardino vario e perfetto.

E nessuno si abituava e riteneva a sé le cose del mondo dovute.

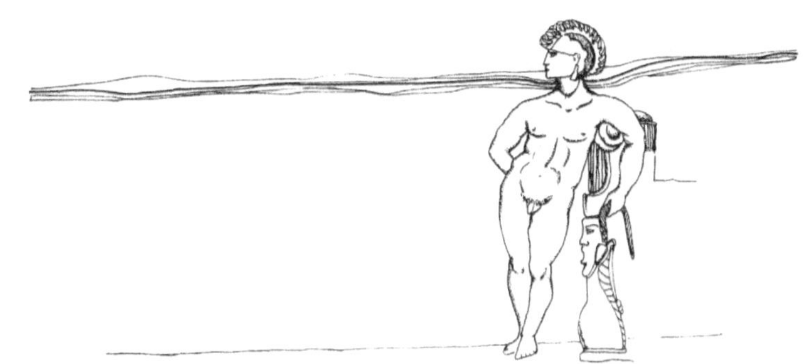

 Ed ogni Uomo era un Tempio.

 E non erano distinzioni tra i sessi, ma grande rispetto.

 E gli Uomini sapevano ridere con Dio.

 E gli uomini erano divenuti saggi e sapevano ridere tra loro.

 con le altre specie.

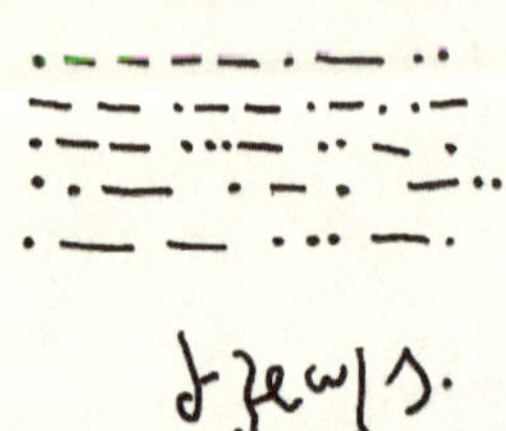

 con gli altri mondi. 4

gli uomini erano liberi.

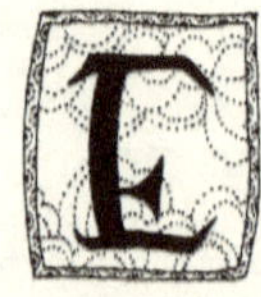il Nemico dell'uomo era sconfitto.

Ed i mondi si liberavano e rispettavano ed aiutavano l'un l'altro, come città.

Ed i Sacerdoti conoscevano il loro mestiere.

E tutti gli Uomini erano orgogliosi delle loro opere comuni,

 nessuno si inorgogliva o era falsamente modesto delle proprie capacità.

 nessuno aveva superfluo.

d il necessario per quell'epoca era mille volte la ricchezza di un tempo.

gli uomini sapevano però fare a meno di tutto.

non possedevano nulla di materiale.

tutta la loro ricchezza era nei loro spiriti.

 nell'unione di questi.

gli uomini erano belli nel corpo, chè la loro beltà veniva dallo spirito.

d ogni bellezza era singola, e diversa dalle altre bellezze.

 nulla era ripetuto due volte.

E l'abbondanza che veniva
donata al mondo senza nulla
chiedere, conquistava il mondo
tutto alla libertà.

E chi ancora non era libero
agognava diventarlo.

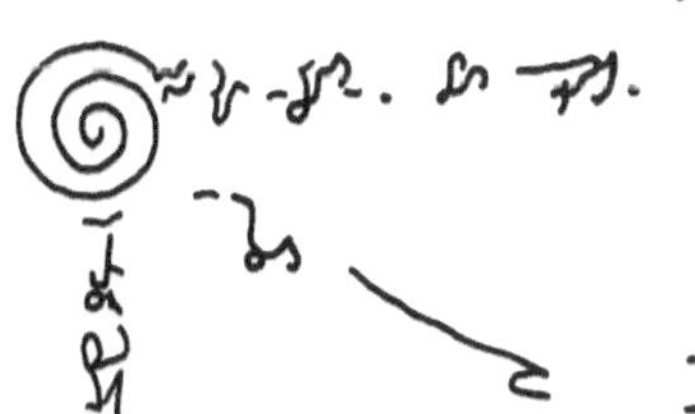

E a chi veramente voleva,
era insegnato.

E tutte le diversità d'uomini capivano che si volevano conservare le tradizioni e le differenze, perché queste sono grandi ricchezze di spirito.

E nessuno più temeva per la propria razza ed i propri costumi.

E come tutto questo iniziò in una corrente nuova del tempo?

na volta i tempi erano bui, e vi erano tutte le disgrazie sul mondo, e vi regnavano le tenebre.

 vennero mandati i messaggeri.

 giunsero i Maestri di pensiero.

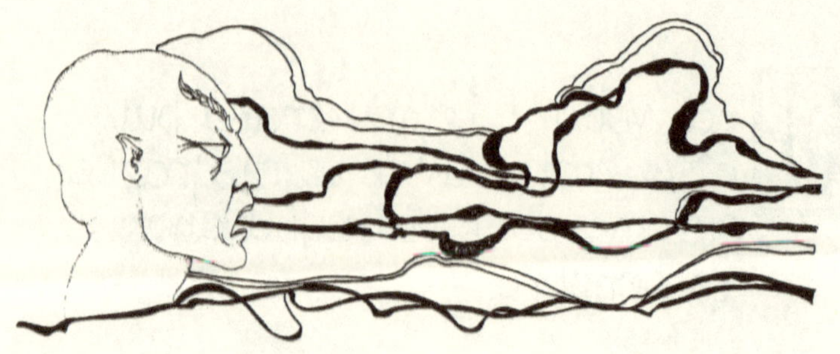

i secoli passarono, e il Dolore dominava incontrastato Signore.

vi era sospetto, e sangue, e furore.

vi erano armi per uccidere gli uomini e tutte le specie viventi.

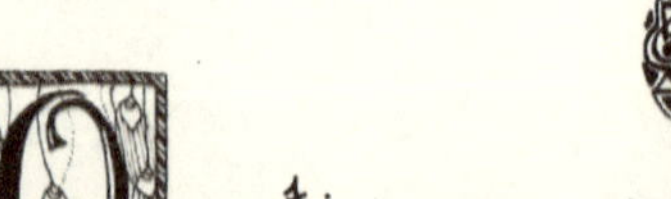
Questi erano i tempi del Male e delle profezie di dolore e di tortura e di punizioni.

 non vi erano più desti buoni
Dei dell' Uomo.

a i Messaggeri vennero.

 giunsero i Maestri di pensiero,
i Rinnovatori.

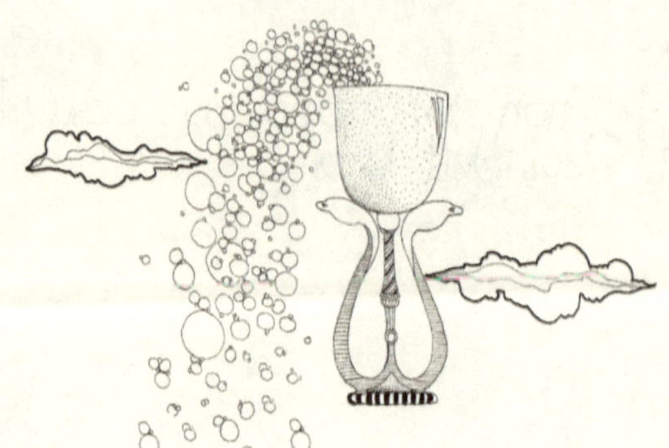

 venne tempo che uno di essi,
con grandi forze, aiuti e poteri
destò gli antichi e giusti tre
Dei, lietamente. (*)

 senza di Essi il Caso era Caos.

 nessuna opera d'uomo aveva
buon fine, pur nelle migliori
intenzioni.

(*) da KRTd, Gioco, Giocando, Giocante.

 mosse guerra all'antico nemico dell'Uomo.

 fece nascere il seme di nuovi uomini.

eati i primi e le loro sofferenze!

 i loro sforzi crearono una prima città.

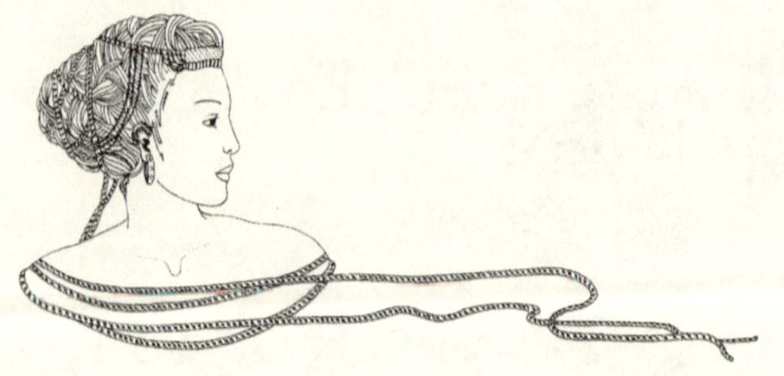

 il suo nome è "Tempio Nascosto".

 quelli di loro che tradirono furono bruciati e più non pensati.

quelli che affrontarono le prove divennero devoti, Signori in Spirito.

 d egli non volle una religione.

 a ridestare e trattare con gli Dei come in antico.

 d egli insegnò cose già insegnate.

 riprese antiche cose, e le fece nuove.

 gli uomini che seguivano scalarono nuovamente la montagna dell' Iniziato.

 la costanza portò predicazione, ed un messaggio di fede superò ogni prova che loro mise (davanti).

 si lottò nel mondo ostacolati dal male.   e

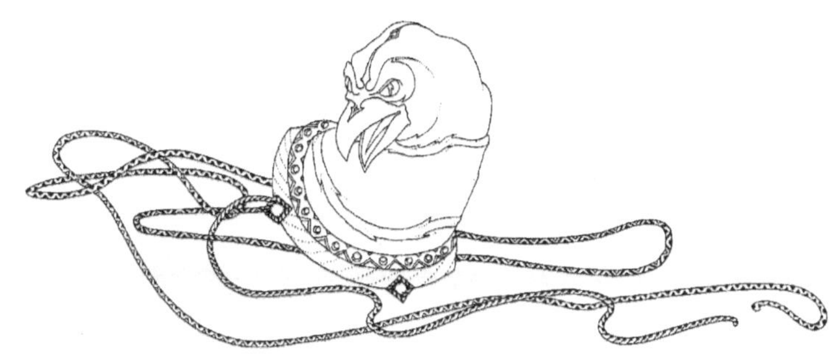

 d ogni intoppo era posto dinanzi ai loro passi.

 d ogni ostacolo li rafforzava.

d i deboli che erano ostacolo e freno, prima chiamati, si allontanarono e furono persi per sempre.

 nuove forze sorgevano continuamen_
te, con sforzo gioioso.

la parola di fede, il nuovo,
i giochi, la non-abitudine,
la fantasia, davano i mezzi per
contrapporsi al Nemico.

 serviva molto coraggio.

d essi andavano curando e insegnando cose antiche agli uomini.

le profezie si avveravano puntualmente.

d essi si accorsero che ogni (loro) passo e fatica e nuova conoscenza produceva nuove forze e nuovi Uomini.

d essi furono perseguitati e provati.

 ciò li rafforzò veramente e li distinse come civiltà nuova.

 i loro templi erano nelle (e le) montagne.

90

er toccare le corde-cuori degli strumenti (musicali strumenti) - Dei.

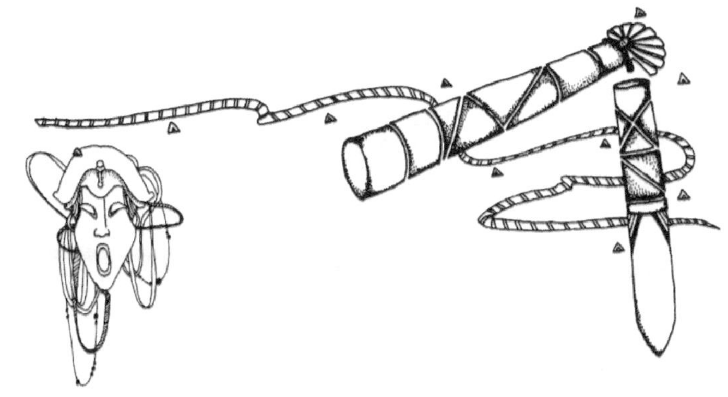

 Ed essi si spostarono più volte.

 E nacquero alleanze e nuove città (guida luminosa).

 E nacquero nuove numerose nazioni.

 Ed essi furono stimolati a distinguersi.

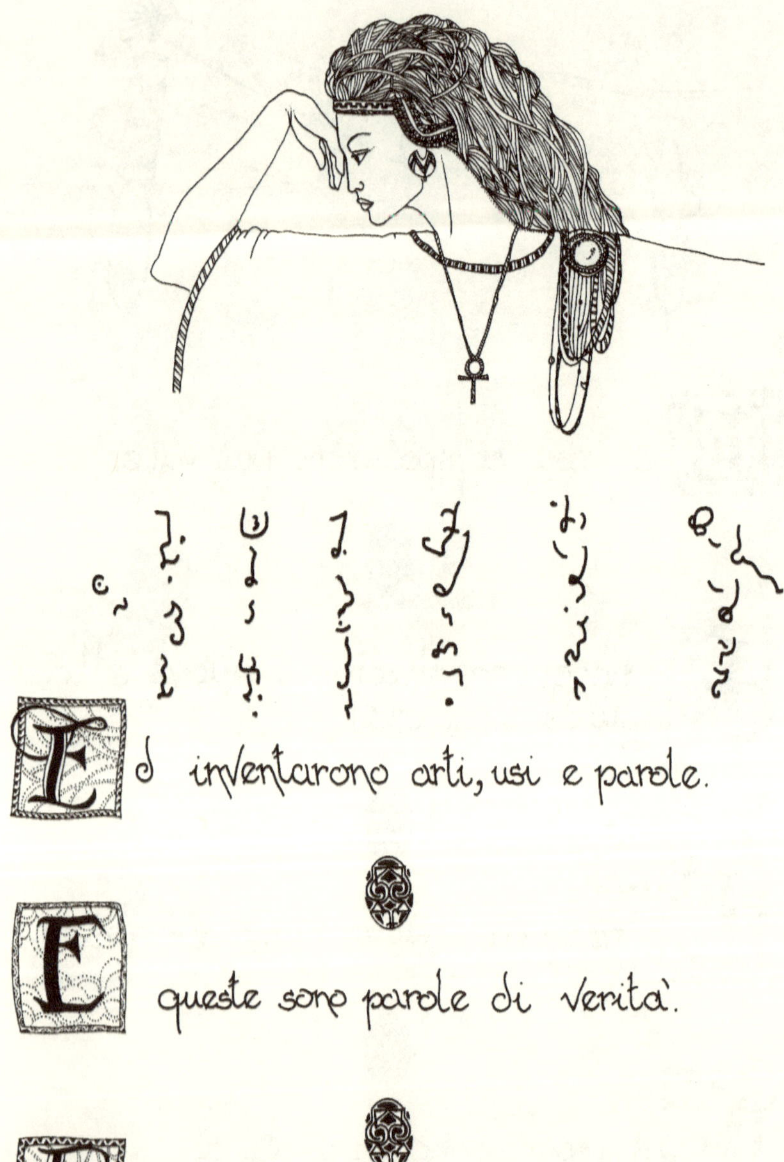

Ed inventarono arti, usi e parole.

E queste sono parole di verità.

Ed è vero e santo quanto è scritto.

 quando fu venuto il tempo
raccolsero quelli tra essi che erano
come monaci le loro forze e parole
di verità,

 con gioia parlarono.

 fecero azioni benefiche con
devozione senza egoismo alcuno.

 Furono puniti quando sbagliavano (e non erano sufficientemente coscienti).

99

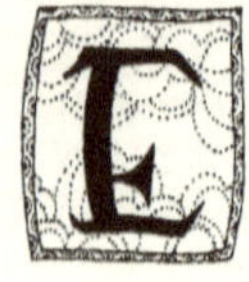 premiati di conoscenza quando erano giusti.

 d egli unificò spiegò e rivelò il meglio dell'Antico, e delle religioni del mondo il fine comune.

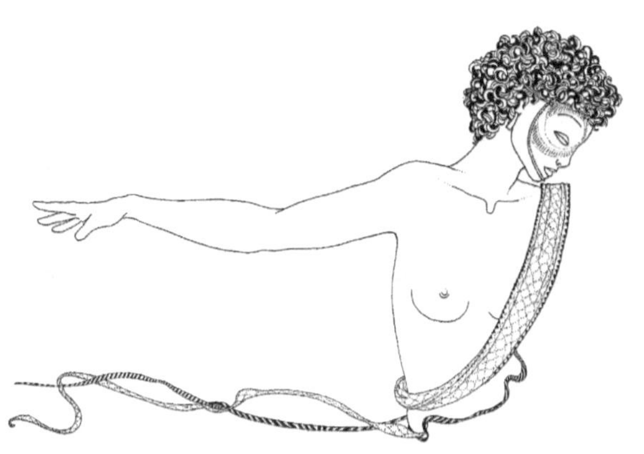

d usando dal Tempio le fonti
dei fiumi sotterranei e del Cielo.

gni cosa qui scritta fu compiuta.

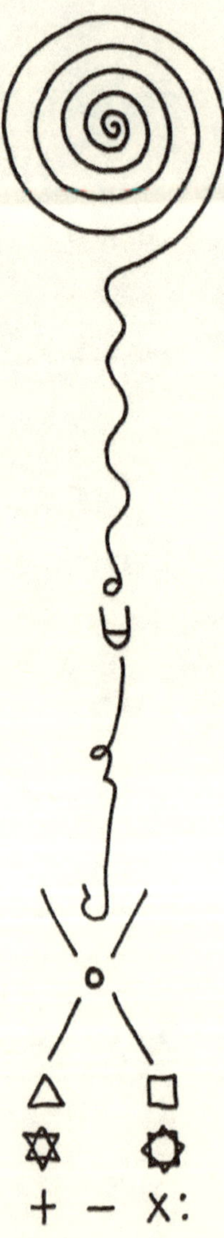

Nella trasposizione del testo ho cercato di rendere il tono in forma biblica, ritenendola più consona al libro

Esso darà molta forza a chi saprà penetrarne lo spirito, coglierne forza e fiducia.

Oh Lanu, che la Forza di Horo scenda su di te e ti illumini.

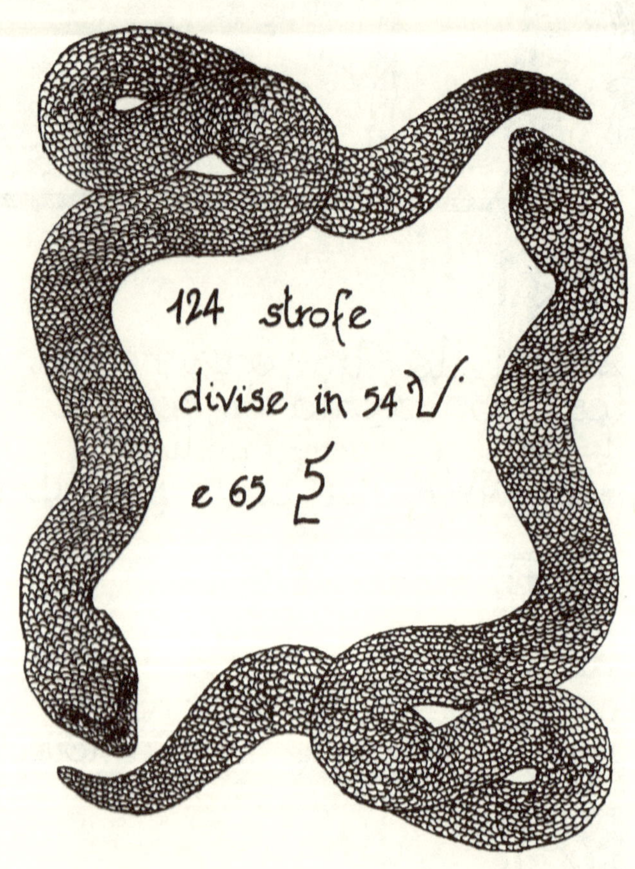

124 strofe
divise in 54 V.
e 65 5

DAMANHUR, FEDERAZIONE DI COMUNITÀ

Damanhur è una Federazione di Comunità spirituali, in Italia. Fondata nel 1975 e abitata dal 1979, quando il primo gruppo si insedia a Baldissero Canavese, in provincia di Torino, conta oggi 25 comunità. Ne fanno parte poco meno di un migliaio di persone, alcune residenti nelle comunità, altre partecipanti alle attività di ricerca e meditazione in forma maggiormente autonoma.

Damanhur riconosce infatti la cittadinanza sia a chi vive nella federazione, sia a chi, pur riconoscendosi e sostenendo gli obiettivi spirituali, non desidera la convivenza comunitaria.

I damanhuriani usano chiamarsi con un nome di animale e di vegetale, come simbolo di rinnovamento personale attraverso l'unione con la natura.

Ispiratore e guida spirituale di Damanhur è Falco Tarassaco (Oberto Airaudi, 1950-2013), filosofo, esoterista, guaritore, scrittore e pittore.

La filosofia ricerca il contatto con la matrice divina dell'universo tramite la ricerca interiore, il confronto con gli altri, l'incontro con la natura e lo studio delle tradizioni esoteriche dei popoli.

In Italia e in altri Paesi sono attivi Centri Damanhur, sede di attività culturali e di ricerca spirituale, nonché di laboratori artigianali, di trasformazione alimentare e altro ancora.

Il percorso di crescita spirituale prevede l'applicazione dei principi nella quotidianità, in ogni espressione della vita umana e questo significa che nelle comunità damanhuriane e nei Centri sono svolte attività di vario genere, caratterizzate da eticità, solidarietà e sostenibilità.

I damanhuriani ritengono che un progetto spirituale abbia bisogno di una struttura organizzativa ben definita: per questo motivo Damanhur ha una Costituzione scritta e la socialità comprende incarichi elettivi di responsabilità, prassi di incontro e decisionali sancite da regole condivise.

La Federazione è una realtà sociale articolata, democratica, fortemente partecipativa, attiva anche nella politica locale, dove presenta liste elettorali e partecipa all'amministrazione di alcuni Comuni. Utilizza anche un sistema di valuta complementare basato sul "credito", moneta di valore pari a un euro, con il quale sono convenzionate anche attività commerciali della zona, che non fanno parte di Damanhur.

Particolare attenzione è riservata all'arte in tutte le sue espressioni: musica, teatro, pittura, scultura e così via; l'arte è considerata uno strumento di conoscenza e manifestazione di sé, un modo per dare voce all'esperienza e al sentire di tutto il popolo damanhuriano, attraverso l'applicazione dei talenti individuali.

Dall'incontro tra arte e spiritualità nascono i Templi dell'Umanità, l'opera più conosciuta di Damanhur: si tratta di un complesso di sale e corridoi interamente ipogei e scavati a mano, per una superficie di 8.500 metri cubi; successivamente allo scavo e all'edificazione di pareti, soffitti e pavimenti, i damanhuriani hanno decorato ogni spazio con mosaici, pitture, opere in vetro, cupole.

I Templi sono dedicati alla Bellezza e all'Armonia come strumenti per l'elevazione dell'essere umano.

La Federazione di Comunità investe molte risorse nell'ospitalità e nell'accoglienza di ospiti e visitatori e analogamente si comporta nei confronti di ricerche accademiche e universitarie.

Damanhur aderisce alla RIVE (Rete Italiana Villaggi Ecologici) e al GEN Europe (Global Ecovillage Network), che raccolgono le esperienze comunitarie ed ecovillaggistiche italiane e all'estero, e a Conacreis (Coordinamento Nazionale Associazioni e Comunità di Ricerca Etica Interiore Spirituale).

È possibile conoscere Damanhur su internet, in libreria, nelle conferenze e nei corsi proposti dai damanhuriani, e naturalmente visitandola di persona, con soggiorni di poche ore o di più giorni, nelle apposite strutture presenti nelle comunità.

Damanhur, Federazione di Comunità
Via Pramarzo, 3 - 10080 Baldissero C.se (TO)
www.damanhur.org

Falco Tarassaco (Oberto Airaudi, 1950-2013) è il fondatore e la guida spirituale di Damanhur, Federazione di Comunità. Sin dall'infanzia, manifesta una precisa visione spirituale e una capacità di guarigione che sviluppa attraverso una costante sperimentazione al di fuori delle istituzioni accademiche. Filosofo, guaritore, scrittore e pittore, attivo nell'ambito della ricerca nel campo del benessere, dell'arte e delle nuove scienze, ha pubblicato testi di carattere filosofico, poetico ed esoterico, tradotti in molte lingue. Come pittore, ha dato vita a un filone personale di pittura alchemica, chiamata "pittura selfica". Il suo insegnamento è rivolto verso la scoperta della divinità interiore nascosta in ognuno attraverso l'azione, la sensibilità, il confronto con gli altri e il pensiero positivo.